Anthony Lewis
beendete 1989 sein Studium an der Liverpool School of Art mit Auszeichnung. Bis heute hat er über 200 Bilder-, Kinder- und Jugendbücher, Lyrikbände und Sachbücher illustriert. Mit seiner Frau lebt er in Cheshire in Wales.

LUCYS TIERE

Mary Hooper

Vertrau mir, kleiner Dachs

Aus dem Englischen von Ulla Neckenauer
Illustrationen von Anthony Lewis

UEBERREUTER

Die Deutsche Bibliothek – CIP-Einheitsaufnahme

Hooper, Mary:
Vertrau mir, kleiner Dachs / Mary Hooper. [Aus dem Engl. von Ulla Neckenauer]. – Wien : Ueberreuter, 2002
(Lucys Tiere; Bd. 3)
ISBN 3-8000-2844-1

J 2563/1

Aus dem Englischen von Ulla Neckenauer
Originaltitel: "Lucy's Badger Cub"
First published in 2000 by Macmillan Children's Books

Umschlagillustration von Ulrike Heyne

Druck: Ueberreuter Print
7 6 5 4 3 2 1

Ueberreuter im Internet: www.ueberreuter.de

ERSTES KAPITEL

»Da!«, flüsterte Lucy und nickte zu der mit Hyazinthen übersäten, grasbewachsenen Böschung. »Gleich dort drüben! Da bewegt sich etwas, ich bin mir ganz sicher!«

Bethany runzelte die Stirn.

»Ich sehe nichts!«

»Weil du in die falsche Richtung guckst. Dort!« Lucys Stimme hob sich vor Erregung. »Da kommt er! Ich sehe seine schwarzweiße Schnauze! Und zwei kleine Ohren!«

Es dämmerte. Lucy Tremayne und ihre beste Freundin Bethany Brown lagen gerade in Brockham Woods hinter einem Busch auf der Lauer. Ganz in der Nähe war Hollybrook Farm, wo Lucy mit ihren Eltern und ihrer kleinen Schwester Kerry wohnte.

Auf dem Hof der Tremaynes gab es eine Herde schwarzweißer Friesischer Kühe und eine kleine Schafherde. Dazu kamen noch Rosie, das Lamm, das Lucy mit der Flasche großgezogen hatte und das sich nun als Familienmitglied fühlte; Donald der Esel, den Lucy vor dem sicheren Tod bewahrt hatte; die beiden Hofhunde Roger und Podger, eine Hühnerschar und etliche Katzen. Lucy liebte Tiere!

»Oh! Jetzt sehe ich ihn!«, sagte Beth plötzlich. »Ist er nicht riesig?«

»Ja, ein gewaltiger Kerl«, bestätigte Lucy, denn der im Unterholz raschelnde Dachs war fast einen Meter lang und sehr massig.

»Das muss einer der Leitrüden sein«, sagte Lucy und kicherte dann, »Leitdachse meine ich. Dachskeiler hat Mrs Fern sie genannt.«

Die beiden Mädchen gingen in die Schule von Bransley, einem Dorf in der Grafschaft Devon, eine Meile vom Meer entfernt. Sie arbeiteten gerade an einem Schulprojekt, das frei lebende Tiere zum Thema hatte, und Mrs Fern, ihre Lehrerin, hatte besonderen Wert auf das Leben der Dachse gelegt, weil es rund ums Dorf etliche Dachsbauten gab.

»Mrs Fern hat erzählt, dass die Dachse diese unterirdischen Baue ewig benutzen. Manchmal hundert Jahre lang«, sagte Beth.

Lucy sah dem Dachs gebannt zu und zwirbelte dabei eine Strähne ihres blonden Haars um den Finger. »Schau! Da kommen noch mehr!«, flüsterte sie.

»Und einer von ihnen bringt das schmutzige Bettstroh heraus! Genau wie Mrs Fern erzählt hat.«

Lucy nickte. »Ihre Schlafhöhlen legen sie mit Heu und Stroh aus, das sie ziemlich oft erneuern.«

»Und einige wirklich Reinliche unter ihnen richten sich an der Erdoberfläche sogar Toiletten ein«, staunte Beth. Sie schwieg einen Augenblick, dann fuhr sie fort: »Ob sie wohl Junge haben? Denkst du, sie werden die Kleinen herausbringen?«

»Ich glaube, die Jungen kommen im Januar oder Februar zur Welt, aber ans Tageslicht wagen sie sich erst, wenn sie ungefähr acht Wochen alt sind und es ein wenig wärmer geworden ist«, sagte Lucy. Sie zählte an den Fingern ab. »Das käme in etwa hin, vielleicht bekommen wir sie tatsächlich zu sehen, wenn wir sie regelmäßig beobachten.«

»Ich fände es schon toll, Dachsjunge zu sehen!«, flüsterte Beth sehnsüchtig.

Beide Mädchen sahen atemlos zu, wie die Dachse ihren abendlichen Beschäftigungen nachgingen. Sie machten ihre Baue sauber, holten neues Lagermaterial, gingen auf Futtersuche und schnüffelten im Unterholz. Einige der jüngeren und kleineren schienen spielerisch miteinander zu kämpfen.

Nach einer Weile sah Lucy auf die Uhr. »Wir müssen uns auf den Heimweg machen«, erklärte sie widerstrebend. »Es ist fast sieben und es wird schon bald dunkel.« Sanfter Nebel stieg vom feuchten Boden auf und ein düsteres Grau begann sich über den Wald zu legen. Die Vögel, die bis eben über ihnen gezwitschert hatten, verstummten langsam, während sie sich in den Bäumen für die Nacht einrichteten.

Beth war entsetzt. »Mir war gar nicht klar, dass es schon so spät ist! Ich hätte eigentlich um sieben zu Hause sein müssen!«

»Wir kürzen ab«, sagte Lucy. »Wir gehen über die Felder, dann bist du in ein paar Minuten daheim.«

Sämtliche Dachse verschwanden in ihren Bauen, als die Mädchen aufstanden und sich abzuklopfen begannen.

»So eine Schande!«, meinte Lucy. »Aber wir wissen ja jetzt, dass sie hier wohnen, und können wieder herkommen.«

»Ich wette, Courtney käme auch mal gern mit,

um sie zu sehen«, sagte Beth, als sie zwischen den Bäumen hindurch heimwärts gingen.

Lucy krauste die Nase. Sie war nicht sonderlich gut auf Courtney zu sprechen, die erst seit kurzem im Dorf wohnte. Lucy und Beth waren schon im Babyalter Freundinnen gewesen. Aber jetzt, wo es diese Courtney gab, war es nicht mehr dasselbe. Manchmal kam es Lucy so vor, als versuche sie ihr Beth auszuspannen. Was an Courtney außerdem so nervte, war ihr ständiges Gequatsche darüber, wie aufregend es doch in London gewesen sei, wo sie zuvor gewohnt hatte. Im Vergleich dazu fand sie Bransley natürlich langweilig.

»Ich habe nicht den Eindruck, dass Courtney viel für Tiere übrig hat«, wandte Lucy jetzt ein.

»Gegen Kühe und so hat sie was«, erklärte Beth. »Aber die Dachse würden sie bestimmt interessieren.«

Lucy zuckte die Achseln. »Na gut. Soll sie eben mitkommen, wenn sie mag.«

»Überschlag dich bloß nicht vor lauter Begeisterung«, entgegnete Beth, was Lucy mit einem Grinsen kommentierte.

Lucy vergaß Courtney schnell wieder, denn sie liebte den Wald, besonders in der Dämmerung, wenn das Licht weich, ja fast magisch wurde. Sie liebte das dichte, grüne Dach aus Tausenden junger, frischer Blätter über ihren Köpfen und den üppig-feuchten Geruch von Farnen, Pilzen und moderndem Laub um sie herum. Zu dieser Jahreszeit war es besonders schön, was an dem sanften violetten Schimmer und dem moschusartigen Duft der unzähligen Hyazinthen lag.

»Wann hat da drüben eigentlich das letzte Mal einer gewohnt?«, fragte Beth plötzlich und deutete mit dem Kopf auf das verlassene, halb zerfallene Häuschen, dem sie sich gerade näherten.

Lucy schüttelte den Kopf. »Weiß ich nicht. Mein Dad hat mir erzählt, vor vielen Jahren hätte es einem Holzfäller gehört.«

»Sieht ziemlich gruselig aus!«

Lucy nickte und senkte die Stimme. »Dad hat zwar gesagt, da hätte ein Holzfäller gewohnt, aber ich glaube eher, es war eine Hexe!«

Beth stieß ein nervöses Lachen aus. »Sei doch nicht albern!«

»Eine Hexe mit einer schwarzen Katze«, fuhr Lucy mit heiserer Stimme fort. »Jede Nacht um Mitternacht ritt sie auf ihrem Besen durch die Luft und versetzte die Dorfbewohner in Angst und Schrecken. Manchmal nahm sie kleine Kinder mit, die nie wieder auftauchten.«

Beth stieß einen Schrei aus. »Hör auf! Ich will nichts mehr davon hören!« Beim Zaun hielt sie an. »Hier müssen wir drüberklettern und quer über die Wiese gehen, nicht wahr?«

Lucy nickte. »Warte noch einen Augenblick auf mich. Ich will mal einen Blick durch die Fenster werfen.«

»Nein, tu das nicht!«

»Ich will nur sehen, wie es da drinnen aussieht ...«

Bevor Beth sie aufhalten konnte, kämpfte sich Lucy dort, wo vor langer Zeit wohl der Weg durch den Garten verlaufen war, durch dichtes Brombeergestrüpp und hohe Brennnesseln.

Das winzige Häuschen hatte zwei Fenster unten und zwei oben und ein graues Schindeldach, auf dem ein seltsam schiefer Kamin saß. Die Mauern begannen zu zerbröckeln und die

Tür war zum großen Teil hinter kletterndem Efeu und Brombeerranken verborgen.

»Beeil dich!«, rief Beth.

Lucy befreite eines der Fenster vom Efeu und rieb über das schmutzige Glas. Sie wusste nicht, was sie zu sehen erwartete – altes, völlig verstaubtes Mobiliar vielleicht oder einen Stoß modriger Bücher. Was sie jedoch sah, war ein kleiner, mitten im Wohnzimmer auf dem Fußboden stehender Campingkocher mit einem Wasserkessel darauf.

»Oh!«, rief sie aus.

»Was ist? Beeil dich!«, drängte Beth, als sich Lucy einen Weg durchs Gestrüpp zurück bahnte.

»Und? Was gab's zu sehen?«, wollte sie wissen, während sie rasch die Wiese überquerten.

Lucy runzelte die Stirn, versuchte immer noch eine Erklärung zu finden. »Einen Campingkocher«, sagte sie. »In dem Häuschen muss jemand wohnen!«

»Klar doch!« Beth grinste. »Die Hexe vermutlich. Und den Campingkocher hat sie, um sich einen leckeren Froscheintopf darauf zu kochen.«

Lucy schüttelte den Kopf. »Hexen kochen im Hexenkessel«, sagte sie. »Dort im Haus wohnt ein richtiger Mensch.«

Aber Beth dachte, Lucy wolle sie veralbern, und lachte nur.

Als die beiden Mädchen die Wiese hinter sich gelassen hatten, folgten sie ein Stück weit der Straße, um sich schließlich beim Kriegerdenkmal zu trennen.

Immer noch tief in Gedanken versunken ging

Lucy die Embrook Lane entlang heimwärts. Unterwegs kam sie an dem großen Stall vorüber, wo die Kühe der Tremaynes die Wintermonate verbrachten.

Sie kletterte über das Tor, lief über den Hof zum Haus hinüber und klopfte ans Küchenfenster, damit ihre Mutter wusste, dass sie wieder daheim war.

»Wir haben Dachse gesehen! Mehrere!«, rief sie.

Julie Tremayne, die an der Spüle stand, nickte lächelnd durchs Fenster heraus. »Wie schön!«, rief sie zurück. Sie war eine große, attraktive Frau mit blondem, hochgebundenem Haar.

»Ich erzähle dir gleich mehr! Ich will nur noch nach den Tieren sehen!«, rief Lucy. Sie folgte dem Weg, der aus dem Hof bis zur kleinen Weide führte und lehnte sich übers Gatter. Es war inzwischen ziemlich dunkel, aber die weißwolligen Schafe, die zusammengedrängt am anderen Ende standen, konnte sie gerade noch erkennen.

»Rosie!«, rief Lucy. »Komm her, Rosie!«

Eine kleine, helle Gestalt löste sich von den

anderen und kam laut blökend herangaloppiert.

Lachend beugte sich Lucy übers Gatter, um Rosie die Nase zu streicheln. »Hallo, meine Schöne!«, sagte sie. Als sich gleich darauf eine dunklere Gestalt von der Hecke löste und herbeigelaufen kam, fügte sie hinzu: »Und hallo, Donald! Wie könnte ich dich vergessen?«

Als Lucy den Esel, dem sie das Leben gerettet hatte, am Kopf kraulte, stieß er ein lautes Wiehern aus, das die Schafe erschreckte. Lucy lachte wieder. »Gute Nacht euch allen!«, rief sie, dann ging sie zurück zum Haus, um ihren Eltern von den Dachsen zu erzählen.

ZWEITES KAPITEL

Der nächste Tag war ein Samstag und da stand Lucy immer früher als gewöhnlich auf. Sie half ihrem Vater mit den Kühen, so oft sie konnte – vor allem, wenn es neue Kälber gab. Ihnen beizubringen, nicht mehr vom Euter ihrer Mutter zu trinken, sondern aus einem Eimer, gehörte zu Lucys Lieblingsarbeiten.

An diesem Morgen gab es zwei Kälber zu versorgen. Lucy musste sich einen Eimer frische, kremige Milch holen, ihre Hand hineintauchen und die Kälber dazu bringen, sie ihr von den Fingern zu saugen. Sobald sie das einmal taten, bewegte sie die Hand immer tiefer in die Milch hinein, bis die Tiere schließlich selber tranken.

Man brauchte eine Menge Geduld, aber bis

ihr Vater den Rest der Herde gemolken hatte, waren die beiden neuen Kälber schon recht geschickt darin, ihre Milch aus dem Eimer zu trinken.

»Gehen wir jetzt frühstücken?«, fragte sie ihren Dad. »Ich bin am Verhungern!«

»Hältst du es noch eine halbe Stunde aus?«, wollte Tim Tremayne wissen, ein großer, immer braun gebrannter Mann mit rotblondem Haar.

Lucy nickte. »Wenn es sein muss. Was soll ich denn noch machen?«

Ihr Vater pfiff den beiden Hunden, die vor dem Eingang zum Stall lagen. Sie hielten sich dort bereit, um jeder Kuh in die Fersen zu zwicken, die zu entwischen versuchte. »Du könntest Kerry und deine Mutter holen«, sagte er, »dann treiben wir die Kühe hinunter auf die Sommerweide.«

»Super!«, rief Lucy, die sich noch gut an den Austrieb letztes Jahr erinnerte.

Die Kuhherde der Tremaynes verbrachte den kalten Teil des Jahres in dem großen Stall auf der anderen Seite des Weges. Dort wurden sie gefüttert und getränkt. Zweimal am Tag wurden sie nebenan in den Melkstall geführt und dort gemolken.

Sobald es jedoch wärmer wurde, trieb man die Kühe morgens nach dem Melken auf eine Wiese, wo sie den ganzen Tag über saftiges Frühlingsgras fraßen. Erst zum abendlichen Melken holte man sie wieder rein. Sobald sie sich daran gewöhnt hatten, dass ihr Gang zur Weide Teil ihrer täglichen Routine war, kam Mr Tremayne ganz gut alleine mit ihnen zurecht – mit Hilfe von Roger und Podger natürlich. Aber wenn sie im Frühjahr zum ersten Mal hinausgelassen wurden, beteiligte sich die ganze Familie daran, sie auf die Weide zu treiben und sich den Spaß anzusehen.

Angetrieben von den Hunden, von Lucy und ihren Eltern, gingen die Kühe zehn Minuten später gemächlich und schwerfällig den Weg entlang. Sogar Kerry, von ihrer Mutter hoch in die Luft gehalten, half mit, indem sie so laut sie konnte »Geh, Kuh! Geh, Kuh!« brüllte.

Sobald sie durch das Gatter auf die große Wiese kamen, ging ein Ruck durch die Herde.

Für einige von ihnen war dies der allererste Frühling ihres Lebens und das allererste Mal, dass man sie überhaupt aus dem Stall ließ. Selbst für die älteren, ruhigeren Kühe war die Aussicht auf reichlich freien Raum, frische Luft, dazu Gras und Klee, so viel sie nur fressen konnten, einfach wunderbar. Als die Kühe auf der Weide anlangten und ihnen langsam bewusst wurde, dass sie wirklich und wahrhaftig draußen waren, trabten sie muhend herum, machten Freudensätze und hatten richtig Spaß an ihrem neuen Aufenthaltsort.

»Seht mal!«, rief Lucy, als eine der Kühe einen wahren Luftsprung vollführte.

»Schaut nur, wie die da drüben rennt!«, rief ihre Mutter zurück, als eine andere wie ein Rennpferd über die Weide und wieder zurück galoppierte.

Alle mussten lachen, als zwei andere sich auf den Rücken rollten und mit den Beinen in der Luft strampelten. Lucy wusste, dass die Freude am Neuen innerhalb eines Tages abgeflaut sein würde, aber an diesem Tag hatten die Kühe den Spaß ihres Lebens.

»Waren sie nicht lustig?«, fragte Lucy eine halbe Stunde später, als sie sich über einen Berg Rühreier, natürlich von den eigenen Hühnern, und große, flache, selbst gesammelte Pilze hermachten.

»Lustige Kühe springen gut!«, sagte Kerry.

Julie Tremayne lächelte. »Hört nur, wie sie schon Sätze zusammensetzt!«

»Die hier sind auch gut!«, sagte Lucys Vater und meinte einen auf die Gabel gespießten Pilz.

»Die haben Kerry und ich gestern gefunden«, erklärte Lucys Mutter. »Na ja, eigentlich war Kerry diejenige mit dem scharfen Blick. Wir waren auf dem Weg ins Dorf und da standen sie mitten auf einer Wiese.«

»Wie lange wart ihr unterwegs bis zum Dorf?«, wollte Lucy wissen. Kerry hatte nämlich gerade erst mit dem Laufen begonnen und machte unentwegt Halt, um jeden Grashalm, jedes Blatt, jeden Stein und jedes Gänseblümchen unterwegs zu untersuchen.

»Stunden!«, seufzte Lucys Mutter, warf dabei aber einen liebevollen Blick zu Kerry hinüber, die man auf den Boden gesetzt hatte und deren Hinterteil nun aus dem Küchenschrank ragte.

Während Lucy und ihr Vater den Tisch abräumten und Lucy allen noch einmal erzählte, wie großartig die Dachse gewesen waren, läutete das Telefon. Lucys Mutter ging dran. Es dauerte ein Weilchen, bevor sie wiederkam.

»Ratet mal, wer das war!«, sagte sie und strich sich einige Strähnen ihres lockigen Haars hinter die Ohren.

»Jemand, der Urlaub auf dem Bauernhof machen will?«, riet Lucy. Um ihr Einkommen zu verbessern, nahmen Lucys Eltern zahlende Gäste auf. Manchmal waren es Leute, die sich geschäftlich in Honley, der nächstgrößeren

Stadt, aufhielten. Häufiger jedoch kamen Familien oder Einzelpersonen, um sich einen erholsamen Urlaub auf dem Bauernhof zu gönnen.

Lucys Mutter schüttelte den Kopf. »Nein, es war kein Gast«, sagte sie. »Das war Major Steddington.«

Tim Tremayne stand augenblicklich stramm und salutierte etwas übertrieben. »Stillgestanden!«

»Er ist sehr nett«, protestierte Lucys Mutter. »Und er wollte uns um einen großen Gefallen bitten.«

Lucys Vater sah verdutzt drein.

»Was können wir denn für ihn tun, Mam?« Lucy war bekannt, dass Major Steddington etwa zwei Meilen entfernt auf der anderen Seite von Bransley wohnte. Er war ein wohlhabender Mann und Besitzer eines Gestüts namens Steddington Stud, in dem Rennpferde gezüchtet und trainiert wurden.

»Tja, offensichtlich hat er gerade ein schrecklich nervöses, junges Rennpferd erhalten. Man ist der Meinung, es könnte ein echter Champion werden – einige große Rennen hat es schon gewonnen.«

»Und was hat das alles mit uns zu tun?«, wollte Tim Tremayne wissen.

»Darauf wollte ich ja gerade kommen. Er sucht einen Gefährten für das Pferd.« An Lucy gewandt fuhr Julie Tremayne fort: »Du weißt doch, dass man manchmal einen ruhigen Hund oder ein älteres Pony zu einem nervösen Pferd steckt, damit sich die beiden anfreunden?«

Lucy nickte.

»Tja, offensichtlich sind Esel auch dafür geeignet. Major Steddington hat von deinem Donald gehört und wollte wissen, ob er ihn ausleihen kann, bis sich sein neuer Hengst beruhigt hat.«

»Oh!«, machte Lucy und dachte einen Augenblick nach. »Könnte recht schön werden für Donald. Darf ich hingehen und ihn besuchen?«

»Natürlich«, sagte ihre Mutter. »Der Major hat gesagt, du könntest jederzeit kommen.«

»Hört sich gut an, finde ich«, kommentierte Lucys Vater. »Soll dieser Esel doch Major Steddington die Haare vom Kopf fressen statt uns.«

»Dad!« Lucy warf ihm einen strengen Blick zu. »Ich weiß, dass du es nicht so meinst. Ich weiß, dass du Donald ebenso lieb hast wie ich.«

»Ich werde ihn sogar noch lieber haben, wenn ihn jemand anderes füttert!«, gab ihr Vater grinsend zurück. »Ich will dich doch nur necken, Schatz. Donald wird es dort sehr gut gefallen. Er wird von allem nur das Beste bekommen – es wird sein wie ein Urlaub. Weißt du, dass die

Pferde dort sogar ein eigenes Schwimmbecken haben?«

Als Kerry plötzlich zu schreien begann, beugte sich Mrs Tremayne hinunter, um sie aus dem Schrank zu befreien. »Aber da Donald dir gehört, ist es allein deine Entscheidung, Lucy. Ich habe dem Major gesagt, ich würde dich informieren, damit du darüber nachdenken kannst.«

Lucy brauchte nicht lange, um sich zu entscheiden. Noch am selben Vormittag rief ihre Mutter bei Major Steddington an und schon nachmittags traf ein schimmernder schwarzer Pferdetransporter auf der Hollybrook Farm ein. Donald, zu diesem Anlass frisch gestriegelt, wurde die Rampe hinaufgeführt.

»Eine solche Einladung ist eine feine Sache – außerdem ist es ja nicht für lange«, erklärte Lucy dem Esel, während sie ihn hinten im Transporter festband. »Ich werde dich begleiten, damit ich sehe, wie man dich unterbringt.«

Der Transporter wurde von Major Steddingtons Verwalter Giles gefahren, einem großen

Mann mit einer ramponierten Barbour-Wachsjacke. Unterwegs erklärte er Lucy, welche Rolle man Donald zugedacht hatte.

»In der Hauptsache geht es darum, dass er Eclipse – so heißt das neue Rennpferd – als Gefährte dienen soll«, erklärte er. »Eclipse ist ein ausgesprochen wertvoller, aber auch extrem nervöser Hengst. Er braucht ein freundliches Tier um sich, das beruhigend auf ihn wirkt.«

»Das kann Donald bestimmt gut«, sagte Lucy. »Den scheint so gut wie nichts aus der Ruhe zu bringen. Der zuckt nicht mal mit der Wimper, wenn zwei Hunde und ein halbes Dutzend Schafe um ihn herumrennen.«

»Genau so einen brauchen wir«, sagte Giles mit einem Lächeln.

Lucy beugte sich auf dem Beifahrersitz des Transporters erwartungsvoll vor, als sie durch das riesige weiße Tor des Gestüts fuhren. Schon seit Ewigkeiten hatte sie Lust, einen Blick über die hohen Mauern zu werfen.

Das Gestüt, zu dem viele Morgen Land gehörten, wirkte modern und stilvoll, mit weiß getünchten Gebäuden und einem zentral gelegenen Hof, auf dem überall große Kübel mit roten und weißen Blumen standen. Auf der um das Gelände führenden Mauer waren drei kleine, aus Metall bestehende Kameras angebracht, die sich hierhin und dahin drehten, während sie alles aufzeichneten, was auf dem Gestüt vor sich ging.

Giles zeigte ihr, wo die Büros lagen, dahinter befanden sich die Schlafquartiere der Stallarbeiter. Zu ihrer Rechten lag ein großes, niedriges Gebäude in L-Form, wo die Pferde in einzelnen Ställen untergebracht waren. Nachdem Giles dort geparkt hatte, stieg Lucy aus.

Überall waren Pferde! Pferde, die umhergeführt wurden, Pferde, die man zum Training brachte, Pferde, die gestriegelt wurden, Pferde, die in ihrem Stall standen und zur Boxentür heraussahen. Es waren wundervolle Pferde, die da schlank, elegant und mit schimmerndem Fell ihre Mähnen warfen und mit den gepflegten Hufen scharrten.

Lucy sah ringsum. »Es sieht ganz anders aus, als ich dachte«, sagte sie. »Es hat keinerlei Ähnlichkeit mit den Stallungen, die ich kenne. Und so viele Leute sind unterwegs! Nicht wie auf unserer Farm, wo es nur meine Eltern und mich gibt, um die vielen Kühe zu versorgen.«

»Nun, Rennpferde sind eben äußerst wertvoll«, gab Giles knapp zurück. »Und so viel Personal gibt es allein schon deshalb, weil man gut auf sie aufpassen und alle möglichen Sicherheitsvorkehrungen treffen muss. Nächsten Monat wird ein nagelneues Sicherheitssystem installiert.« Er öffnete den Transporter. »So, sei so gut und führ jetzt deinen – äh, Donald? – hinüber zum letzten Stall, wo Eclipse untergebracht ist …«

Lucy gehorchte. Donalds Urlaubsquartier war ein luftiger, weiß gekalkter Raum, so groß wie Lucys ehemaliges Zimmer. Ein Mann in grünen Latzhosen fegte gerade frisches Sägemehl hinein.

»Alles klar, Rob. Du kannst dich jetzt woanders nützlich machen«, sagte Giles ziemlich von oben herunter, woraufhin der Mann davonschoss.

»Sieh dir das an!«, flüsterte Lucy Donald zu, als sie ihn in den makellosen Stall führte.

Ganz hinten an die Wand gedrückt stand ein prachtvoller Fuchshengst mit einer weißen, rautenförmigen Markierung auf dem Kopf. Als er Giles und Lucy sah, warf er wiehernd den Kopf und schien sich noch enger an die Wand zu pressen.

»Komm nicht in seine Nähe!«, warnte Giles. »Im Übrigen würde ich die beiden Tiere jetzt gern allein lassen, damit sie sich kennen lernen können.«

Lucy band Donald locker an einen Ring in der Wand und streichelte ihn zum Abschied. »Sei schön brav!«, flüsterte sie. »Sei nett zu Eclipse. Ich komme dich bald besuchen!«

Donald bewegte den Kopf auf und nieder, was wie ein Nicken aussah. Lucy musste lächeln. Er hatte jedes Wort verstanden, da war sie ganz sicher.

DRITTES KAPITEL

»Wie gefällt es denn Donald im Urlaub?«, erkundigte sich Beth am folgenden Freitag auf dem Weg in den Wald, wo die Dachse wohnten. In ihren Rücken versank gerade die Sonne hinter den Hügeln und lange Schatten krochen vor ihnen über das Feld.

»Ich denke, er ist begeistert«, antwortete Lucy. »Gestern war ich bei ihm. Und das Rennpferd, mit dem er sich anfreunden soll – Eclipse –, hat ihn ins Herz geschlossen. Offensichtlich wirkt Donald derart beruhigend auf ihn, dass er sich jetzt von den Stallburschen tatsächlich striegeln lässt. Vorher ist er wild geworden, wenn ihm jemand zu nahe kam.«

»Ich würde mir diese Pferde so gern auch mal

ansehen!«, meinte Beth sehnsüchtig. »Könntest du mich bei deinem nächsten Besuch nicht mitnehmen?«

Lucy zog eine Grimasse. »Ich werde fragen. Aber Fremden gegenüber sind sie wirklich komisch. Was wohl daran liegt, dass die Pferde so wertvoll sind. Zigtausende Pfund. Millionen«, sagte sie vage. »Sie sind auch nicht allzu freundlich dort. Major Steddington habe ich kennen gelernt und der ist o.k., aber einige von den anderen geben mir das Gefühl, ich sei im Weg. Rob, einer der Stallburschen, hat mich gestern richtig angefaucht, weil ich Eclipse ein Pfefferminzbonbon geben wollte.«

Beth hob die Augenbrauen, bis sie unter ihren langen Fransen verschwanden. »Dann gehe ich wohl besser nicht mit.«

Die Dämmerung senkte sich herab, während sie durch den Wald gingen. Als sie sich dem Dachsbau näherten, flüsterten sie nur noch. Sie ließen sich hinter ihrem üblichen Busch nieder und warteten schweigend etwa zehn Minuten lang. Dann machte Lucy eine seltsame Entdeckung.

»Heute liegt gar kein benutztes Lagerstroh herum«, meinte sie verwirrt. »Es sieht so aus, als hätten die Dachse ihre Hausarbeit nicht erledigt. Woran das wohl liegen mag? Und sieh dir ihre Eingangslöcher an – einige davon sind mit Erde oder Zweigen verstopft. Wie konnte denn so etwas passieren?«

Beth zuckte die Achseln. »Keine Ahnung. Wir können ja Mrs Fern fragen.«

»Wirklich seltsam«, meinte Lucy. Das Ganze war ihr völlig schleierhaft. Und aus irgendeinem Grund, den sie nicht so recht benennen konnte, war sie besorgt. Etwas stimmte hier nicht, nur wusste sie nicht, was es war.

Eine Viertelstunde ging vorbei, dann eine weitere. Beth gähnte. »Vielleicht sind sie von hier verschwunden. Umgezogen, sozusagen.«

»Ich glaube nicht, dass sie so etwas normalerweise tun«, sagte Lucy. »Aber dass sie noch da sind, glaube ich auch nicht. Jedenfalls heute Abend nicht. Ich denke, wir können genauso gut nach Hause gehen.« Sie wollte sich gerade erheben, als sie an der Böschung eine kleine Bewegung sah. Blätter raschelten. »Warte mal! Ich glaube, da kommt doch noch einer heraus!«, zischte sie Beth zu.

Beide Mädchen verhielten sich ruhig und starrten auf die Stelle, von der das Rascheln kam.

Eine schwarze Nase erschien, umrahmt von einem gestreiften Gesicht.

»Ein Junges!«, hauchte Lucy. »Ist das ein winziges Kerlchen!«

Die Mädchen sahen gebannt zu, wie sich der kleine Dachs nach allen Seiten schauend vorwärts schob. Er machte einen ziemlich verlorenen Eindruck, fanden sie. Er suchte nicht nach Futter oder tauschte sein Bettstroh aus, nein, er sah sich nur um.

Nach ein paar Minuten verschwand er wieder im Loch, ohne etwas gefressen zu haben.

»Oh!«, seufzte Lucy.

»War er nicht goldig?«, sagte ihre Freundin. »War er nicht ein süßer Schatz? Warum war er wohl allein? Was meinst du?«

»Keine Ahnung«, antwortete Lucy und schüttelte sorgenvoll den Kopf. »Aber ich muss irgendwo die Adresse von einer Dachsstation haben, ich glaube, dort werde ich mal anrufen.«

Für den Fall eines Falles warteten die Mädchen noch eine Viertelstunde, aber der kleine Dachs ließ sich nicht mehr blicken und auch von den anderen Tieren tauchte keines mehr auf. Da es inzwischen rasch dunkel wurde, beschlossen sie, am nächsten Abend wieder herzukommen.

Als sie im herabfallenden Dunkel an dem alten Häuschen vorbeikamen, fiel Lucy ein, dass sie ja eine Taschenlampe dabei hatte. Sie holte sie heraus.

»Beth«, sagte sie. »Ich will schnell einen Blick in dieses Häuschen werfen. Mich interessiert, ob dort einer wohnt.«

Beth verzog das Gesicht. »Du hast gesagt, es sei ein Hexenhaus. Ich gehe da nicht hinein. Ich finde es wirklich gruselig.«

»Das war doch bloß ein Witz!« Lucy grinste. »Es dauert ja auch nicht lange. Wir gehen rein, schauen uns um und verschwinden wieder. Du kannst auch draußen warten, wenn du magst.«

Lucy hatte sich inzwischen schon auf den Weg gemacht. Beth blieb noch einen Augenblick lang stirnrunzelnd stehen. Dann entschloss sie sich aber, sich dieses Abenteuer nicht entgehen zu lassen, auch wenn ihr wirklich gar nicht wohl in ihrer Haut war.

Die Haustür war völlig von Efeu und Brombeerranken überwuchert, also arbeitete sich Lucy durch den dichten Bewuchs bis nach hinten, wo es fast kein Dornengestrüpp gab. Es sah ganz danach aus, als wäre der Hintereingang erst kürzlich benutzt worden.

»Siehst du das?«, fragte Lucy und deutete auf den Türriegel. »Ganz sauber. Kein Staub. Das bedeutet, dass er in letzter Zeit angefasst worden ist.«

»Schön. Jetzt weißt du ja, was du wissen wolltest«, gab Beth zurück.

Lucy grinste. »Nein«, sagte sie. »Ich will wissen, wer sich hier aufhält. Und warum.«

Sie lugte durchs nächste Fenster, um sicherzustellen, dass drinnen auch wirklich keiner war. Dann öffnete sie langsam, behutsam den Riegel und stieß die Tür auf.

Beth lugte über ihre Schulter. »Igitt!«

Unten war, von einer kleinen Küche abgesehen, nur ein einziges Zimmer. Es war dunkel und feucht; Zeitungsstöße lagen in einer Ecke und in der Mitte des Raumes stand ein verrottender Sessel. Asche und angesengtes Papier lagen im Kamin und von den Vorhängen hingen nur noch Fetzen an den Fenstern.

Lucy ließ den Strahl ihrer Taschenlampe wandern, zu den von der Decke hängenden Spinnweben, den verschimmelten Wänden, den in die Ecken huschenden Spinnen.

»Ich dachte, du hättest gesagt, dass hier ein Campingkocher steht«, flüsterte Beth.

»Hier stand auch einer. Nur ist er jetzt weg. Ich möchte wetten, man hat ihn versteckt.«

»Vielleicht hast du es dir nur eingebildet«, sagte Beth. »So wie es aussieht, hat hier schon seit ewigen Zeiten keiner mehr gewohnt.«

»Ich möchte wetten, dass doch …«, widersprach Lucy.

Während Beth etwas bange in der Tür stehen blieb, warf Lucy einen Blick in die kleine Küche.

Keinerlei menschliche Spuren neueren Datums. »Komm, wir gehen nach oben«, schlug sie deshalb vor.

»Nein, das tun wir nicht!«

»Ich will nur sehen, wie es dort aussieht.«

Lucy war schon halb die wacklige Treppe hinauf, als Beth widerstrebend nachkam.

»Vielleicht stoßen wir auf einen Schatz!«, flüsterte Lucy.

»Ich fürchte, wir werden eher auf Spinnen stoßen!«

Oben gab es ein altertümliches Badezimmer und ein Schlafzimmer ohne Bett. In der Ecke jedoch lag ein aufgerollter Schlafsack.

»Da!« Lucy ließ triumphierend das Licht ihrer Taschenlampe darüber wandern. »Sieh dir das an! Hier schläft also doch einer!«

»O.k.« Beth wurde nervös. »Können wir jetzt endlich gehen?«

»Na gut, ich –«, begann Lucy, dann brach sie ab.

Schritte erklangen. Vom Waldweg her kam jemand. Jemand umrundete das Haus und kam an die Hintertür!

Beth stieß einen leisen Schrei aus. »Bestimmt ist das die Hexe!«

Als Lucy die Taschenlampe ausknipste, legten sich die dunklen Schatten des Raumes um sie herum und sie konnten nicht mehr bis in die Ecken sehen. Beim Schrei einer Eule fuhren alle beide zusammen und einen Augenblick lang kam Lucy in Versuchung, doch noch an die Hexe zu glauben. Glücklicherweise fiel ihr wieder ein, dass die ja ihre eigene Erfindung gewesen war. »Das ist doch keine Hexe!«, sagte sie leise, während sie fieberhaft überlegte. Ja! Der große Schrank oben an der Treppe! Sie riss ihn auf und zog Beth mit sich hinein.

Keinen Augenblick zu früh. Die Hintertür ging auf und jemand kam mit schweren Schritten ins Haus.

»Was ist, wenn er nach oben kommt?«, flüsterte Beth ängstlich.

»Pssst!«

Lucy, die nervöser war, als sie zugeben mochte, hielt den Atem an. Es roch muffig und abgestanden in dem stockdunklen Schrank, der bestimmt Herden von Spinnen, Ohrwürmern und Käfern beheimatete. Sie hoffte bloß, dass sie nicht allzu lange würde drin bleiben müssen. Und noch mehr hoffte sie, dass – wer immer da unten auch sein mochte – nicht auf die Idee kam, nach oben zu kommen.

Sie hörten, wie jemand das Wohnzimmer durchquerte und in die Küche ging. Einen Augenblick später kam er wieder zurück. Die Hintertür öffnete und schloss sich wieder. Dann entfernten sich Schritte auf dem Pfad.

»Er ist weg!«, rief Lucy dankbar und stieß die Schranktür auf.

»Es war grauenhaft!« Beths Stimme zitterte. »Ich dachte schon, wir müssten die ganze Nacht da drinnen bleiben. Ich dachte, wir müssten ersticken!«

Lucy lief ins Schlafzimmer und sah zum Fenster hinaus. Im Dämmerlicht der Bäume konnte sie gerade noch die Gestalt eines Mannes erkennen, der durch den Wald davonging. Er trug eine dunkle Jacke.

»Wer war es?«, erkundigte sich Beth nervös. »Ein Landstreicher?«

»Keine Ahnung«, sagte Lucy achselzuckend.

»Ich würde ja liebend gern herausfinden, wer es war. Aber ehrlich gesagt mache ich mir wesentlich mehr Sorgen um das Dachskind.«

VIERTES KAPITEL

Zurück auf der Farm entschloss sich Lucy, ihren Eltern nichts von dem Besuch im alten Häuschen zu erzählen. Sie würden ein ziemliches Theater machen, weil sie hineingegangen war, das war klar. Und möglicherweise durfte sie dann überhaupt nicht mehr in den Wald. Und so weit durfte es nicht kommen, weil sie doch unbedingt herausfinden wollte, was aus den Dachsen geworden war.

Lucy sah im Pferch nach Rosie und den anderen Schafen. Als sie zurückkam, hatte ihr Vater gerade die Hühner für die Nacht eingesperrt und versuchte nun, Bertram, ihren kleinen roten Gockel, ebenfalls ins sichere Hühnerhaus zu schaffen.

Bertram rannte mit wedelnden Schwanzfedern hierhin und dorthin und stimmte ein empörtes Gezeter an, weil man ihn in den Stall zu seinen Hühnern stecken wollte. Aber schließlich trieb ihn Lucy in die Enge, packte ihn und setzte ihn zu den anderen.

»Gut gemacht!«, lobte ihr Vater. »Du bist viel flinker als ich.«

Lucy wollte ihrem Vater gerade von dem Dachsjungen erzählen, als er ihr zuvorkam.

»Euer Ausflug in den Wald war heute wohl vergeblich, was?«

Lucy sah ihn erstaunt an. »Woher weißt du das?« Doch noch bevor er antworten konnte, fügte sie hinzu: »Ja, irgendwie schon. Wir haben nur ein einziges Dachsjunges gesehen.«

Er runzelte die Stirn. »Ein Dachsjunges? Das wundert mich aber sehr!«

»Warum?«, fragte Lucy verwirrt. »Woher hast du gewusst, dass wir heute kein Glück hatten?«

»Weil …«, sagte ihr Dad. »Ich fürchte, die Dachse sind weg.«

»Und warum?«, fragte Lucy ungläubig.

Ihr Vater zögerte. Zwei der Hofkatzen, die sich unbeobachtet fühlten, kamen aus ihrem Unterschlupf im Heuschober und schlichen in die Schatten davon, um sich ein oder zwei Abendmäuse zu fangen.

»Ich fürchte, man hat sie … na ja, man hat sie entmutigt weiterhin dort zu wohnen.«

»Aber warum?«

»Ich werde dir genau das erzählen, was ich heute Abend im Pub gehört habe, als ich auf ein Bierchen reingegangen bin. Eine Gruppe von

Farmern aus der Gegend von Honley war da. Sie sprachen über Tuberkulose.«

Lucy machte eine verwirrte Miene. Dass Milchkühe gelegentlich von Tuberkulose befallen wurden, war ihr bekannt. Es war eine schlimme Krankheit, die unter Umständen die Kuhmilch verseuchen und gelegentlich auch auf den Menschen übergehen konnte. »Aber was hat das mit den Dachsen zu tun?«, fragte sie.

»Manche Leute – nicht, dass ich dazugehöre – glauben, dass Dachse diese Krankheit von einer Herde zur nächsten schleppen. Bei einer Herde in der Nähe von Honley hat man gerade Tuberkulose entdeckt. Und offensichtlich hat sich nun eine Gruppe von Farmern aus dieser Gegend vorgenommen, sämtliche Dachse im Umkreis von zehn Meilen zu vertreiben.«

»Nein!« Lucy war entsetzt.

»Vor einigen Nächten waren sie in dem Wald zu Gange, aus dem du gerade kommst«, fuhr ihr Vater grimmig fort. »Der riesige alte Dachsbau dort ist ja allgemein bekannt.«

Lucy stieß einen Schrei aus.

»Tut mir Leid, Schatz, aber es sieht ganz so aus, als hätte man die Dachse entweder verjagt oder ...«

Lucy blieb vor dem Küchenfenster stehen und schlug die Hände vors Gesicht. Der Gedanke, dass man all diese wunderschönen Tiere getötet hatte, war unerträglich. »Nein! Das können sie doch nicht getan haben!«

Ihr Vater machte ein betrübtes Gesicht. »Es ist schrecklich, ich weiß, und ich halte es auch für falsch. Aber passiert ist passiert. Manche Farmer werden bei gewissen Dingen einfach fanatisch.«

»Wir haben heute Abend eine Ewigkeit gewartet«, sagte Lucy und schüttelte traurig den Kopf, »und uns gefragt, wo sie wohl alle geblieben sind. Ich kann es nicht glauben! Das ist einfach nicht fair!«

»Ich fürchte, sobald Farmer ihre Existenz gefährdet sehen, handeln sie erst und denken dann später nach«, sagte ihr Vater.

»Wie machen sie ... was genau haben die Männer getan?«, erkundigte sich Lucy mit einem flauen Gefühl im Magen.

»Genau weiß ich es nicht, Schatz. Um dir die Wahrheit zu sagen – ich habe nicht gefragt. Entweder begasen sie den Bau oder aber sie verstopfen die Eingangslöcher, damit sie nicht mehr hinein- oder herauskommen.«

»Was ist dann mit dem Jungen, das ich gesehen habe? Meinst du, es ist ganz allein? Wie soll es nur überleben?«

»Es kommt bestimmt zurecht. Entweder kann es sich schon selber versorgen oder es sucht sich einen anderen Dachsbau, um dort zu wohnen«, antwortete ihr Vater.

»So etwas tun Dachse nicht!«, gab Lucy augenblicklich zurück. »Sie ziehen nicht einfach um!«

»Tja, ich habe keine Ahnung.« Ihr Vater zuckte die Achseln. »Ich fürchte, ihr werdet auf das Beobachten der Dachse verzichten müssen. Aber du hast ja hier einen Haufen Tiere, die zu versorgen sind. Du kannst dich nicht um jede Kreatur kümmern, die verwaist im Wald herumrennt.«

Und ob ich das kann!, dachte Lucy.

Lucy sah mit ihren Eltern ein wenig fern, dann ging sie zu dem gleich neben dem Haus stehenden Heuschober.

Als ihre Eltern den Entschluss fassten, zahlende Gäste aufzunehmen, und dafür Lucys Zimmer brauchten, war Lucy zuerst bitterböse. Wie schrecklich, ihren großen, schönen Raum an vollkommen Fremde abgeben zu müssen! Als ihre Eltern jedoch vorschlugen, den Dachboden über dem alten Heuschober in ein Zimmer für sie zu verwandeln, hatte sie ihre Meinung geändert. Inzwischen liebte sie ihr kleines Reich mit dem Holzfußboden, den winzigen Fenstern und dem gemütlichen, roten Teppich. Große Freude machte ihr auch, dass Kerry sie dort nicht stören konnte, denn um hochzukommen musste man eine Leiter hochklettern und eine Bodenklappe öffnen.

Auf einem der niedrigen Balken, die durchs Zimmer liefen, standen Lucys Bücher und bevor sie an diesem Abend schlafen ging, sah sie alle durch, die sich mit frei lebenden Tieren befassten. Schließlich fand sie, was sie suchte – Einzelheiten über eine etwa zwanzig Meilen entfernte Dachsstation. Dort würde sie am nächsten Morgen als Allerersttes anrufen um herauszufinden, was sie für diesen kleinen Dachs tun konnte.

Falls ihr Vater dachte, sie würde ihn einfach mutterseelenallein im Wald lassen – nun, dann hatte er sich geirrt.

FÜNFTES KAPITEL

»Eclipse kommt mir inzwischen viel ausgeglichener vor«, sagte Lucy zu Giles, dem Verwalter. Es war am folgenden Tag, einem Samstag, und sie war gekommen, um sich um Donalds Körperpflege zu kümmern.

»Ja, ist er«, gab Giles ziemlich kurz angebunden zurück. Er war in den Stall gekommen, um auf den Speiseplan des Rennpferds zu sehen. Er warf Lucy einen ungeduldigen Blick zu. »Ich fürchte, du wirst bald gehen müssen. Wir erwarten heute wichtigen Besuch – einen Mann, der hier möglicherweise seine Rennpferde trainieren lassen will. Der Major wünscht, dass alle, die nicht unbedingt notwendig sind, vom Gelände verschwinden.«

Lucy sagte nichts, zog ihm jedoch in Donalds

Deckung eine Grimasse. Giles, der davon nichts mitbekam, notierte etwas auf seinem Klemmbrett und ging wieder hinaus.

Lucy richtete sich auf, um zu dem prächtigen Rennpferd zu sehen, das hinter ihnen stand. »Freust du dich, meinen Donald bei dir zu haben?«, fragte sie leise. »Unterhaltet ihr euch schön miteinander?« Sie hob die Hand zu dem Pferdekopf und streichelte sanft den rautenförmigen weißen Fleck. »Tauscht ihr Pferdetratsch aus, sobald sich die Stalltür schließt?«

Eclipse warf leicht den Kopf, ließ es sich aber gefallen, dass man ihn streichelte.

»Ein wunderschöner Kerl bist du. Wirklich«, flüsterte Lucy. »Das schönste Pferd, das ich jemals gesehen habe!«

»Geh weg von diesem Tier!«, erklang es da von draußen. Lucy fuhr zusammen. Rob, der Stallbursche, kam mit großen Schritten herein. »Ich habe es dir doch schon mal gesagt – diesen Hengst füttert niemand außer mir!«

»Ich habe ihn doch nur gestreichelt«, wandte Lucy ein. Ihre Abneigung gegen diesen Rob war ihr deutlich anzusehen.

»Ihn gestreichelt! Eclipse ist ein Rennpferd und kein Schmusetier!«

Lucy verzog den Mund und bürstete Donald ohne ein weiteres Wort zu Ende. Es war nur ihr und Donald zu verdanken, dass Eclipse inzwischen viel ruhiger und umgänglicher war. Als hätte sie jemals irgendeinem Tier etwas zu Leide getan!

Sie nahm sich Zeit für Donalds Pflege, dann kehrte sie nach Hause zurück. Sie musste jetzt unbedingt in der Dachsstation anrufen.

Einige Stunden später war Lucy mit Beth und Courtney zusammen auf dem Weg in den Wald.

»Dachse mögen also wirklich Erdnüsse?«, fragte Beth mit einem Blick auf die Tüte in Lucys Hand.

Lucy nickte. »Die Leute von der Dachsstation sagten, das wäre ihre Lieblingsspeise.«

»Hoffentlich bekommen wir den Kleinen überhaupt zu sehen!«, quengelte Courtney. »Hoffentlich sind wir nicht die ganze Strecke umsonst gegangen!«

Lucy zuckte die Achseln. »Versprechen kann ich nichts.«

Als sie vom Gestüt heimgekommen war, hatte Lucy in der Dachsstation angerufen und von dem Dachskind erzählt. Man hatte ihr gesagt, sie solle Erdnüsse vor dem Bau auslegen um zu sehen, ob sie es damit hervorlocken konnte. Als Lucy später an diesem Nachmittag ins Dorf gegangen war, um eine Tüte Erdnüsse zu kaufen, hatte sie Beth und Courtney getroffen. Beth hatte große Lust, in den Wald mitzugehen, um das Dachskind wieder zu sehen, und Courtney hängte sich dran. Nachdem sie aber auf der ganzen Strecke unentwegt über den Schlamm und die Kälte geklagt hatte und nicht einmal die Hyazinthen leiden mochte, hatte Lucy die Nase ziemlich voll von ihr.

»Hier, hinter diesem Busch müssen wir uns verstecken«, flüsterte Lucy, als sie in die Nähe des Dachsbaus kamen. Gerade versank die Sonne hinter dem Hügel und der Wald war in ein sanftes Rosa getaucht. Der letzte Regen hatte den schwachen, herrlich süßen Duft der Blumen hervorgelockt. Lucy fand alles hier einfach wunderbar.

»Da ist ja alles voller Schlamm! Und da soll ich mich verstecken?«, fragte Courtney empört und sah an sich hinunter – auf den kurzen, engen Rock, die Leggings und die Turnschuhe in Weiß und Silber.

»Genau! Und versuch dabei bitte, nicht allzu viel Krach zu machen«, gab Lucy zurück.

»Warum kann ich mich nicht da drüben an die Böschung setzen?«, wollte Courtney wissen.

Lucy schüttelte den Kopf. »Wenn man Tiere beobachten will, dann muss man sich verstecken. Und dieser Busch ist ideal.« Sorgsam ver-

teilte sie die Erdnüsse vor der Öffnung, durch die das Dachsjunge am Tag zuvor herausgekommen war. Dann verbarg sie sich mit Beth zusammen hinter dem Busch. »Komm schon!«, sagte sie zu Courtney. »Mach es dir besser so bequem wie möglich. Es kann durchaus sein, dass wir eine ganze Weile warten müssen.«

Courtney seufzte laut. »Hoffentlich dauert es nicht ewig!«, maulte sie. »Heute Abend startet eine neue Soap im Fernsehen! Wäre ich bloß nicht mitgekommen!«

Lucy gab keine Antwort, doch sie wünschte sich dasselbe.

Eine Viertelstunde verstrich, dann fand Beth ein paar Bonbons in ihrer Tasche und verteilte sie. Gerade richteten sie sich wieder aufs Warten ein, als von der Böschung her ein leises Rascheln erklang.

»Ruhe jetzt!«, flüsterte Lucy.

Ein oder zwei Minuten vergingen, ohne dass etwas zu hören oder zu sehen war. Und dann, genau wie beim letzten Mal, sahen die Mädchen eine kleine schwarze Schnauze auftauchen, umrahmt von einem schwarzweiß gestreiften Gesicht.

»Oh! Ist er das?«, kam von Courtney.

Lucy antwortete nicht, sondern behielt den Kleinen aufmerksam im Auge. Die Frau von der Dachsstation hatte ihr gesagt, wenn das Junge etwas fressen würde, wäre es vermutlich auch in der Lage, sich selbst zu versorgen. Falls es jedoch nicht fraß, solle sie sich noch mal melden, damit man ihr weitere Anweisungen geben könne.

»Aaah!«, machte Courtney. »Ist er nicht süß?«

Lucy gab ihr einen Stoß in die Rippen. »Pssst!«

Der kleine Dachs schnüffelte herum, roch an den Erdnüssen und ging dann weiter die Böschung hinunter, um auch dort zu schnuppern.

»Gefressen hat er nichts, oder?«, hauchte Beth.

Lucy schüttelte besorgt den Kopf.

Nachdem das Dachsjunge ein Häufchen feuchter Blätter beschnüffelt hatte, stand es einen Moment lang stocksteif da. Es wirkte klein, verwirrt und einsam. Nun ging es zu den Erdnüssen zurück, an ihnen vorbei – und in diesem Augenblick musste Courtney niesen. Es war ein lauter Nieser, der durch den ganzen Wald zu schallen schien.

Der kleine Dachs war augenblicklich verschwunden.

»Musste das sein?«, erkundigte sich Lucy bitterböse. »Hättest du dir nicht die Nase zuhalten können oder irgendwas?«

»Tut mir Leid!« Courtney kicherte. »Ich niese immer schrecklich laut. Dagegen kann ich einfach nichts machen.«

Lucy warf Beth einen Blick zu und seufzte. »Sah nicht so aus, als hätte er was fressen wollen. Oder was meinst du?«

Beth schüttelte den Kopf. »Ziemlich dünn war er, fand ich. Dünner als beim letzten Mal.«

»Ich rufe besser noch mal in der Dachsstation an«, sagte Lucy und erhob sich. »Wir können jetzt ebenso gut heimgehen. Der Kleine lässt sich heute nicht mehr blicken.«

Courtney verzog das Gesicht. »Ich bitte vieltausendmal um Entschuldigung!«, sagte sie sarkastisch.

Während die Mädchen durch den Wald zurückgingen, dachte Lucy darüber nach, was die in der Dachsstation wohl sagen würden. Als sie bei dem kleinen Haus ankamen, fiel ihr plötzlich etwas ein und sie blieb stehen. »Ob der Mann, der sich in dem Häuschen aufhält, wohl etwas mit den Leuten zu tun hat, die unsere Dachse verjagt haben?«, überlegte sie laut.

Beth zog sie an der Jacke. »Ach komm jetzt! Da gehen wir nicht noch mal rein. Lass uns schnell weitergehen!«

»Ja, mir ist nämlich kalt!«, klagte Courtney

und sah auf ihre Füße hinunter. »Außerdem bin ich voller Schlamm! Diese Turnschuhe werde ich nie mehr sauber kriegen!«

»Wartet einen Augenblick!«, befahl Lucy. »Ich habe nicht vor ins Haus zu gehen – ich will nur unten durchs Fenster schauen. Ihr geht langsam weiter – ich hole euch dann ein.«

Lucy ließ die beiden auf dem Weg zurück. Im Schutz der Büsche – falls jemand in der Nähe war – schlich sie auf das Häuschen zu.

Als sie fast an ihrem Ziel angekommen war, hörte sie plötzlich ein Handy klingeln. Lucy erstarrte. Es war also wirklich jemand da – und bestimmt war es kein Landstreicher. Landstreicher besaßen keine Handys.

Von drinnen hörte sie eine Männerstimme. »Curtis hier. Ja?«

Hinter dem Dornengestrüpp versteckt konnte Lucy kaum etwas sehen, aber hören konnte sie gut. Der Mann, der da redete, musste sich unten im Wohnzimmer aufhalten.

»Um ein Uhr heute Nacht also«, hörte sie ihn sagen, gefolgt von einer Reihe zustimmender Grunzer. »Ich werde da sein«, sagte er schließlich. »Was den weiteren Transport betrifft, ist alles arrangiert. Ich habe ihnen erklärt, die Sache müsste unbedingt noch diesen Monat laufen.«

Wieder kam eine Pause, dann sagte er: »Es ist ein schwarzer Transporter ohne Aufschrift – o.k., Giles? Du brauchst nur sicherzustellen, dass die Kamera am Seiteneingang ausfällt.«

Lucy erstarrte. Giles!

»Das Tier wird erst wieder in Frankreich das Tageslicht sehen. Solange sich der alte Stanley nicht blicken lässt, geht alles klar.«

Wieder war es lange still. Sorgfältig in Deckung der Büsche bleibend, schlich Lucy davon und den anderen beiden hinterher.

Handelte es sich um den Giles, den sie kannte? Den vom Gestüt? Es war nicht gerade ein häufiger Name. Und wenn, was zum Kuckuck ging da vor sich?

SECHSTES KAPITEL

»Wieso bist du denn überhaupt in dieses Haus gegangen?«, wollte Lucys Mutter ärgerlich wissen. »Dir muss doch klar gewesen sein, dass wir dir das niemals erlaubt hätten!«

»Reingegangen bin ich doch gar nicht«, antwortete Lucy, kreuzte ihre Finger und dachte, dass es ja eigentlich stimmte. Diesmal war sie wirklich nicht ins Haus gegangen. »Ich stand nur draußen und habe gelauscht.«

»Vielleicht hat jemand das alte Häuschen gekauft und ist im Begriff, es renovieren zu lassen«, meinte ihre Mutter vage. »Vielleicht hat der Mann mit einem Bauunternehmer namens Giles telefoniert.«

Lucy schüttelte den Kopf. »Glaube ich nicht. Ich bin sicher, es hatte was mit dem Gestüt zu tun. Warum hätte er diesem Giles denn sonst befohlen, die Kamera abzustellen?«

»Ich habe wirklich keine Ahnung«, sagte ihre Mutter. Sie zögerte und sah dann auf die große Porzellanschüssel hinunter, die vor ihr auf dem Küchentisch stand. »Habe ich eigentlich schon Tomatenmark reingetan?«

Lucy seufzte und wickelte sich eine Haarsträhne um den Finger. Was sie da belauscht hatte, machte ihr ziemlich zu schaffen. Sie hatte es natürlich Beth und Courtney erzählt, aber die beiden zeigten kein großes Interesse. Und schon bevor sie zu Hause angekommen war, hatte sich ihr Vater auf den Weg zum Pub gemacht, um Darts zu spielen.

Julie Tremayne hörte natürlich zu, interessierte sich aber vor allem dafür, was Lucy überhaupt in der Nähe des alten Hauses zu suchen hatte. Abgesehen davon erwartete sie nächste Woche ein Ehepaar, das Halbpension gebucht hatte, und nun war sie damit beschäftigt, drei Abendessen vorzukochen und einzufrieren.

»Warte ab, was dein Vater dazu sagt«, meinte

Lucys Mutter schließlich. »Lass ihn entscheiden, ob wir etwas unternehmen sollten.«

»Ich kann also aufbleiben und warten?«

Ihre Mutter nickte. »Ich denke schon, morgen ist ja Sonntag. Aber vermutlich wird er denken, dass du ein bisschen spinnst.«

Lucy, die immer noch mit ihren Haaren spielte, runzelte die Stirn. Sie machte sich Sorgen – einerseits über das belauschte Gespräch, andererseits um den kleinen Dachs. Bis sie zu Hause angekommen war, hatte in der Dachsstation keiner mehr geantwortet und ihr war nichts anderes übriggeblieben, als eine Nachricht auf dem Anrufbeantworter zu hinterlassen. Jetzt konnte sie nur hoffen, dass man sie vor Montag zurückrief. Wie lange es wohl her sein mochte, seit der kleine Dachs etwas in den Magen bekommen hatte?

»Hättest du Lust, mir beim Backen zu helfen, nachdem ich dich ja aufbleiben lasse?«

Lucy sah nicht sehr begeistert aus. »Wenn es sein muss.«

»Du bist ein Schatz. Holst du mir bitte das Mehl aus der Speisekammer?«

Zwei Stunden später hatte sich Lucy vor dem Fernseher zusammengerollt und schlief schon fast. Nachdem Julie Tremayne nachgesehen hatte, was für ein Programm sie sich ansah, war sie nach oben gegangen, um ein schönes langes Bad zu nehmen. Lucy hatte Roger und Podger ausnahmsweise aus dem Vorraum hereingeholt, wo sie sich für gewöhnlich aufhalten mussten.

Nachdem sie wie die Verrückten durchs Zimmer gesprungen waren, weil sie ihr Glück kaum fassen konnten, hatten sie es sich auf dem großen Zottelteppich vor dem Sofa, auf dem Lucy lag, gemütlich gemacht. Jetzt schliefen sie fest, von Zeit zu Zeit im Traum winselnd.

Es war halb elf, als draußen das Tor quietschte. Einen Augenblick später kam Tim Tremaynes Landrover auf den Hof gefahren.

Lucy sprang auf, streckte sich und winkte ihrem Vater vom Küchenfenster aus zu. Auch die beiden Hunde sprangen auf und rannten mit ihr nach draußen, um ihn zu begrüßen.

»Was ist denn das? Ein Empfangskomitee?«, fragte ihr Vater. »Seid ihr gekommen um zu sehen, ob ich eine Darts-Trophäe gewonnen habe?«

Lucy schüttelte den Kopf. »Mam hat gesagt, ich dürfte auf dich warten. Ich muss mit dir reden.«

»Worum geht es?« Tim Tremayne begrüßte die beiden Hunde und schickte sie in ihre Körbe. »Es ist doch nichts mit der Herde, oder?«

Lucy schüttelte den Kopf. »Nein, nein. Es ist nur – ich habe etwas ganz Seltsames belauscht.« Sie war jetzt völlig wach. »Es war, als ich an dem alten Häuschen vorbeikam …«, begann sie und erzählte ihrem Vater die ganze Geschichte. »Mam denkt, dass an der Sache nichts dran ist, aber ich mache mir ein wenig Sorgen.«

Ihr Vater zog die Stirn in Falten. »Hört sich wirklich komisch an«, sagte er nachdenklich. »Und dass diese Pferde ein Vermögen wert sind, daran besteht kein Zweifel. Vor einigen Jahren gab es so einen Fall – da wurde ein wertvolles Rennpferd gestohlen, ein Hengst, und ist nie wieder aufgetaucht.«

»Was hatte man denn davon, ihn zu stehlen? Wenn er nie mehr aufgetaucht ist, konnte er ja auch nie mehr in einem Rennen laufen.«

»Er sollte als Deckhengst dienen«, erklärte ihr Vater. »Er wurde vermutlich irgendwo auf irgendeiner Farm verborgen gehalten und ist inzwischen der Vater von vielen jungen Rennpferden. Damit kann man sehr, sehr viel Geld verdienen.«

»Ich verstehe.« Lucy nickte. Vielleicht wollte man jetzt mit der gleichen Absicht ein Tier aus Major Steddingtons Gestüt entwenden?

»Aber das scheint mir doch ziemlich weit hergeholt«, fuhr ihr Vater fort. »Hier in der Gegend passieren keine solchen Dinge. Obwohl der alte Stanley Steddington eigentlich …«

»Stanley!«, rief Lucy.

Ihr Vater sah sie überrascht an. »Was ist denn? So heißt der Major mit Vornamen.«

»Der Mann am Telefon hat gesagt: ›Solange sich der alte Stanley nicht blicken lässt, geht alles klar …‹«

»Bist du sicher, dass er diesen Namen benutzt hat?«

Lucy nickte aufgeregt. »Hundertprozentig sicher!«

Ihr Vater, der sich hingesetzt hatte um die Stiefel auszuziehen, stand wieder auf. »Dann komm mit!«

»Wohin?«, fragte Lucy bereitwillig.

»Ich werde Major Steddington anrufen und ihm sagen, wir müssten ihn dringend sprechen. Es besteht ja durchaus die Möglichkeit, dass es sich nur um einen seltsamen Zufall handelt. Aber das lassen wir ihn selber entscheiden.«

»Super!«, rief Lucy und schoss nach oben, um ihrer Mutter Bescheid zu sagen.

SIEBTES KAPITEL

»Tut mir Leid, Herzchen. Ich will nicht behaupten, dass du flunkerst oder so, aber ich denke …« An Tim Tremayne gewandt fuhr Major Steddington fort: »Sagen wir … äh …, dass manche Kinder eine sehr lebhafte Fantasie haben.«

Lucy und ihr Vater saßen in dem behaglichen Arbeitszimmer des Majors. Er war von Tim Tremaynes Anruf sehr überrascht gewesen, hatte aber gesagt, sie sollten sofort ins Gestüt kommen. Bei ihrer Ankunft war er an seinem riesigen Schreibtisch aus Eichenholz mit einigen Papieren beschäftigt, nun aber saß er mit ihnen auf einem Ledersofa vor dem Kamin.

»Die beiden Männer haben doch von der Kamera geredet …«, sagte Lucy jetzt eindringlich.

»Und um ein Uhr früh würde draußen ein Transporter stehen!«

»Hört sich an wie ein Fernsehkrimi!«, sagte der Major lächelnd und fuhr sich mit der Hand durch das graue, wellige Haar. »Aber trotzdem bedanke ich mich sehr, dass ihr hergekommen seid.«

»Aber er hat mit jemand gesprochen, der Giles hieß!«, platzte Lucy heraus.

»Giles ist der Sohn eines alten Freundes und kam mit hervorragenden Zeugnissen seines vorherigen Arbeitgebers zu mir«, wehrte der

Major immer noch lächelnd ab. »Er genießt mein volles Vertrauen.«

Tim Tremayne legte die Hand auf Lucys Schulter. »Komm, Schatz«, sagte er. »Wir gehen jetzt besser heim, damit du ins Bett kommst.«

Lucy sah zutiefst enttäuscht zu ihm empor.

»Sieh mal, Lucy. Wichtig ist, dass wir Major Steddington die ganze Geschichte erzählt haben. Wenn er nun der Meinung ist, dass keine Gefahr droht, dann ist alles klar.«

»Eines muss ich noch sagen. Ich bin wirklich sehr zufrieden mit eurem Donald«, sagte der Major jetzt. »Ein wunderbarer Charakter. Genau das Richtige für Eclipse.«

Lucy ließ den Blick durchs Zimmer wandern, wo überall gerahmte Fotos von berühmten Pferden mit ihren Jockeys hingen, und zermarterte sich dabei das Gehirn. Sie war inzwischen ganz sicher, dass es bei dem Gespräch, das sie belauscht hatte, wirklich um einen Pferdediebstahl ging. Wie konnte sie den Major nur überzeugen?

Mit gerunzelter Stirn versuchte sie sich ein weiteres Detail ins Gedächtnis zurückzurufen –

eines, das sie bisher übersehen hatte. »Er sagte, die Sache müsste noch diesen Monat laufen«, fuhr sie fort. »Wollten Sie nicht nächsten Monat ein neues Sicherheitssystem einbauen lassen?«

Der Major sah überrascht zu ihr auf. »Nun ja, so ist es«, sagte er.

Plötzlich fiel Lucy noch etwas ein und sie klatschte aufgeregt in die Hände. »Als der Mann ans Telefon ging, sagte er ›Curtis hier.‹«

Der Major sah sie verblüfft an. »Curtis?«

Lucy nickte heftig.

»Bist du ganz sicher?«

Lucy nickte noch einmal. Der Major trommelte mit den Fingern auf dem Lederüberzug seiner Schreibtischplatte und sah sehr nachdenklich aus.

»Sagt Ihnen der Name etwas, Major?«, erkundigte sich Lucys Vater.

Der Major runzelte die Stirn. »Und ob! Ein Mann namens Curtis war bis vor sechs Monaten bei mir beschäftigt. Er war für die Pferdetransporte zuständig.«

»Aber er arbeitet nicht mehr für Sie?«

»Nein, ich habe ihn entlassen, weil er mich bei

der Abrechnung seiner Reisekosten betrogen hat. Er hatte großes Glück, dass ich keine Anzeige gegen ihn erstattet habe.«

»Der ist es, da möchte ich wetten!«, platzte Lucy heraus.

»Ich muss zugeben, er ist der Typ, der nach einem solchen Rauswurf auf Rache sinnen könnte«, sagte der Major und dachte angestrengt nach. »Außerdem kennt er den Wert meiner Tiere …«

»Bitte rufen Sie doch die Polizei, Major!«, flehte Lucy. »Schnell! Bevor es zu spät ist!« Sie sah auf ihre Uhr. »Inzwischen ist es schon nach elf. Der Mann hat gesagt, der Transporter wäre um ein Uhr da.«

Der Major erhob sich. »Du hast Recht. Das werde ich tun«, sagte er. »Und zwar auf der Stelle.«

Lucy und ihr Vater saßen immer noch im Arbeitszimmer des Majors, obwohl es schon fast ein Uhr früh war. Er hatte mit Tim Tremayne zusammen beschlossen, dass sie, um nicht gesehen zu werden, doch besser dableiben sollten.

Das freute Lucy sehr – es hätte ihr absolut keinen Spaß gemacht, heimgehen zu müssen und alles zu verpassen.

Im Arbeitszimmer des Majors waren drei Fernsehschirme an der Wand angebracht, auf denen zu sehen war, was die drei auf der Mauer angebrachten Kameras aufzeichneten. Auf dem ersten war der große Hof zu sehen, der zweite zeigte den Seiteneingang, der dritte den Haupteingang.

Die Polizei war alarmiert worden und hatte draußen an der Straße, ein Stück weit vom Gestüt entfernt, in einem roten Lieferwagen mit der Aufschrift ACHTUNG! GASARBEITEN! Stellung bezogen. Zwei weitere Beamte in Zivil befanden sich auf dem Gelände. Sie waren durch den Lieferanteneingang gekommen und hatten sich irgendwo in den Ställen versteckt. Nachdem Major Steddington intensiv nachgedacht hatte, war er sicher, dass es Eclipse sein musste, auf den man es abgesehen hatte. Eclipse sei vermutlich das berühmteste, mit Sicherheit jedoch das wertvollste Pferd, das er jemals besessen hätte, erzählte er Lucy und ihrem Vater.

»Jetzt, wo ich darüber nachdenke, fügt sich eins ins andere«, sagte der Major, der jetzt, kurz vor eins, hereingekommen war um zu berichten, wie die Dinge standen. Lucy wechselte einen gespannten Blick mit ihrem Vater. »Die Kameras sind unzuverlässig, das ist uns bekannt – deshalb soll ja auch das neue System eingebaut werden – und somit denkt sich keiner etwas dabei, wenn eine davon ausfällt. Zwei meiner Stallburschen sind auf Urlaub, wir sind also unterbesetzt und um ein Uhr ist Schichtwechsel für die Nachtwächter.« Mit einem ironischen Lächeln fuhr er fort: »Und ratet mal, wer von ein Uhr bis sechs Uhr früh Dienst hat?«

»Giles«, mutmaßte Lucy.

Der Major nickte. »Genau.« Er sah auf seine Uhr. »Gleich ist es so weit. Ich gehe besser wieder. Die Polizei hat mir gesagt, ich solle mich wie immer verhalten und um diese Zeit drehe ich für gewöhnlich noch eine Runde durchs Gestüt.«

Als sich die Tür hinter ihm schloss, drehte sich Lucy zu ihrem Vater um. »Können wir nicht nach draußen gehen um zu sehen, was geschieht?«, fragte sie sehnsüchtig.

»Natürlich nicht!«, sagte Tim Tremayne. »Du wirst doch nicht wollen, dass einer von den Gaunern erfährt, dass du es warst, die dem Major den Tipp gegeben hat, oder?«

Lucy seufzte. »Nein, eigentlich nicht.«

Ihr Vater deutete auf einen der Bildschirme. »Sieh mal, da ist der Major!«

Lucy sah hin, dann fragte sie: »Wer ist denn der andere?«

»Ein Polizist«, sagte ihr Vater und lachte. »Sie haben ihm eine wattierte Jacke und eine flache Mütze verpasst, damit er aussieht wie ein Stallbursche.«

Plötzlich, während Lucy zusah, wie der Major und der Polizist über den Hof gingen, fiel der zweite Bildschirm aus. Sie stieß ein aufgeregtes Quieksen aus. »Es geht los! Jemand hat die Kamera am Seiteneingang abgestellt!«

»Ja, du hast Recht!«

Sie sahen zu den anderen beiden Bildschirmen. Auf dem ersten war nur noch der leere Hof mit den Blumenkübeln zu sehen. Der Major und der Polizist waren inzwischen verschwunden. Der dritte zeigte den Haupteingang. Auch dort rührte sich nichts.

»Was sich draußen wohl tut?«, fragte Lucy gespannt.

»Sollen wir durch den Flur schleichen und am anderen Ende durchs Fenster sehen?«, erkundigte sich ihr Vater.

»O ja!«

Tim Tremayne legte den Finger an die Lippen, öffnete leise die Tür und dann schlichen sich die beiden bis zum Ende des Flurs. Von dort zeigte ein Fenster auf den Seiteneingang hinaus.

»Geh nicht so nah ran, damit du von draußen nicht gesehen wirst!«, befahl ihr Vater.

Lucy, die Herzklopfen hatte vor Aufregung, gehorchte und wich zurück in die Dunkelheit. Ein Weilchen war alles still – dann waren vom Hof her plötzlich gedämpfte Geräusche zu hören.

»Da tut sich was«, hauchte Lucy. Im nächsten Augenblick sah man die dunkle Gestalt eines Mannes, der ein Pferd am Halfter führte. Man hatte ihm weiche Tücher um die Hufe gewickelt, damit sie auf den Pflastersteinen keinen Lärm machten. Lucy konnte den rautenförmigen weißen Fleck auf der Stirn sogar im Dunkeln erkennen.

»Das ist Eclipse!«, flüsterte sie aufgeregt.

Der Mann führte den Hengst zum Seiteneingang, holte einen Schlüssel hervor und öffnete die Tür – und dann leuchteten plötzlich zwei große Bogenlampen auf, die ihn blendeten und das Pferd scheuen und angstvoll wiehern ließen.

»Das ist Giles!«, flüsterte Lucy, als sie den Mann, der das Pferd führte, im Licht der Scheinwerfer deutlich sehen konnte.

Als das Tor aufschwang, sah Lucy auch undeutlich einen großen, schwarzen Pferdetransporter in der Auffahrt stehen. In der Fahrerkabine schienen zwei Männer zu sitzen. Lucy deutete. »Ob einer von den beiden wohl dieser Curtis ist?«

Bevor ihr Vater antworten konnte, waren die Männer aus dem Transporter gesprungen und rannten die Straße entlang davon. Lucy hörte den Klang von Autotüren, die zugeschlagen wurden, dann erklang Fußgetrappel, als die sechs Polizisten, die in dem roten Lieferwagen gewartet hatten, die Verfolgung aufnahmen. Nach einigem Geschrei und einem Handgemenge wurden die beiden Männer aus dem Transporter von zwei Beamten überwältigt. Zwei weitere Polizisten gingen zum hinteren Teil des Fahrzeugs, vielleicht um sich zu überzeugen, dass keine weiteren Mitglieder der Diebesbande im Laderaum warteten.

Atemlos sah Lucy zu, wie zwei andere Polizisten rasch auf Giles zugingen, der immer noch regungslos in helles Licht getaucht dastand. Er schien so fassungslos zu sein, dass er sich nicht rühren konnte.

Einer der Beamten – er schien mit Pferden umgehen zu können – beruhigte den nervösen Hengst und nahm Giles dann die Zügel ab. Giles' Stimme klang abgehackt und bitter, als er etwas zu ihm sagte, ohne jedoch eine Antwort zu bekommen. Doch nun schien der andere Polizist zu reden. Lucy fragte sich, ob er ihn gerade über seine Rechte aufklärte, so wie es in den Fernsehkrimis an diesem Punkt immer der Fall war – dass Giles nicht verpflichtet sei, Auskunft zu geben, dass aber alles, was er sagen würde, gegen ihn verwendet werden könne …

Als ein Polizeiwagen vor dem Stalleingang vorfuhr, tauchte der Major mit Rob, seinem Stallburschen, aus dem Schatten auf. Lucy hörte, wie der Major etwas zu Giles hinüberschrie, und es sah ganz danach aus, als wolle er hingehen und ihn sich vornehmen. Aber Rob packte ihn am Arm und hielt ihn zurück. Jetzt nahm der Stallbursche dem Polizisten die Zügel ab. Beide, er und der Major, redeten beruhigend auf Eclipse ein, während man Giles

Handschellen anlegte und ihn ins Polizeifahrzeug schaffte.

Lucy verfolgte das ganze Geschehen in höchster Aufregung.

»Mein lieber Mann!«, sagte sie, als sich der Hof langsam wieder leerte. »Was für eine Nacht!« Ganz plötzlich war sie zu Tode erschöpft, als wäre sie gerade meilenweit gerannt.

Ihr Vater zauste ihr durchs Haar. »So! Die Männer sind festgenommen und Eclipse ist in Sicherheit!«, sagte er. »Das hast du gut gemacht! Das hast du sogar sehr gut gemacht, Schatz!«

ACHTES KAPITEL

»Das hast du wirklich gut gemacht!«, sagte Major Steddington und klopfte Lucy auf die Schulter. »Wärst du nicht so neugierig auf das alte Häuschen gewesen, hätten wir von diesem Plan vermutlich nie etwas erfahren.«

Lucy schenkte dem Major, der in der Hollybrook Farm am Küchentisch saß, ein Lächeln. Natürlich freute sie sich, dass die Männer verhaftet worden waren. Nur – inzwischen war Sonntag, die Leute von der Dachsstation hatten angerufen und sie hatte es eilig, in den Wald zu kommen. Trotzdem erwiderte sie höflich: »Ich bin froh, dass ich helfen konnte.«

»Offensichtlich hat Curtis das alte Häuschen ein paar Tage lang als Stützpunkt benutzt. Von dort aus hat er den Transporter organisiert und die letzten Vorkehrungen für das Versteck des Hengstes getroffen.«

»Wir freuen uns, dass alles so gut ausgegangen ist«, sagte Lucys Mutter und füllte die Kaffeetasse des Majors nach.

Der Major dankte ihr, dann griff er unter den Tisch und holte eine große Tragetüte hervor. »Das habe ich dir als Dankeschön gekauft, Lucy«, sagte er. »Etwas für deinen netten kleinen Esel.«

Lucy öffnete die Tüte und zog ein edel aussehendes rotes Halfter hervor. »Fantastisch!« Sie war ganz aus dem Häuschen vor Freude. »Bildschön wird er damit sein, mein Donald!«

Der Major nickte. »In einem Monat oder zwei kann er wieder zu dir heim. Wir werden uns selber ein paar Esel zulegen. Nachdem ich nun gesehen habe, wie gut dein Donald diesem Hengst getan hat – nun, ein Esel ist genau das Richtige für ein nervöses Rennpferd.«

»Ein Stück Kuchen, Major?«, fragte Lucys Mutter.

»Ich habe nichts dagegen«, antwortete Major Steddington, der es nicht eilig zu haben schien.

Lucy rutschte unruhig auf ihrem Stuhl herum. Schließlich fragte sie: »Kann ich jetzt gehen? Ich möchte nachsehen, wie es meinem Dachskind geht.«

»Natürlich, geh nur«, sagte ihre Mutter.

Lucy bedankte sich noch einmal beim Major, dann flitzte sie zum Heuschober und kletterte die Leiter hoch. In ihrem Zimmer nahm sie die restlichen Erdnüsse und einen dicken alten Pulli. In einem der Schuppen fand sie schließlich den kleinen Transportkäfig, den sie für gelegentliche Tierarztbesuche mit einer Katze oder einem Vogel benutzten.

Die Frau von der Dachsstation hatte Lucy erklärt, dass das Dachsjunge deshalb nichts gefressen hätte, weil es wahrscheinlich noch bei der Mutter getrunken hätte, als diese verschwand. In diesem Fall wäre ihm noch nicht beigebracht worden, nach Würmern und Käfern zu suchen. Die Frau hatte Lucy gesagt, sie solle doch einen Versuch machen, das Dachskind einzufangen. Dann solle sie noch einmal anrufen, damit jemand vorbeikommen und es abholen könne. Es müsse mit der Flasche gefüttert werden, bis man es wieder freilassen könne.

»Das könnte doch ich übernehmen«, hatte sich Lucy eifrig angeboten. Immerhin hatte sie ja auch Rosie, ihr Lamm, mit der Flasche aufgezogen.

Aber davon war die Frau von der Dachsstation nicht begeistert. Man müsse eine ganz bestimmte Milchmischung verwenden, sagte sie, außerdem dürfe man einen Dachs – so goldig er auch sein mochte – nicht zum Haustier machen. »Er muss so schnell wie möglich wieder hinaus in die freie Natur. Wenn er sich inzwischen zu stark an Menschen gewöhnt hat, wird die Anpassung zu schwierig für ihn.« Falls es Lucy nicht gelingen sollte, den Dachswelpen einzufangen, käme jemand von der Dachsstation um ihr zu helfen.

Doch Lucy war fest entschlossen, es selber zu schaffen, und mit den Dingen bewaffnet, die sie brauchte, machte sie sich auf den Weg in den Wald.

Lucy wartete ungefähr eine Stunde lang in ihrem

Versteck. Dabei lauschte sie und beobachtete die Stelle genau, an der das Dachsjunge die letzten beiden Male aufgetaucht war und wo sie jetzt den Rest der Erdnüsse ausgestreut hatte. Die vom letzten Mal waren weg, aber das konnten ja ebenso gut die Eichhörnchen, die Mäuse oder die Vögel gewesen sein. Durchaus möglich, dass der Kleine nichts mehr in den Magen bekommen hatte, seit alle anderen Dachse vertrieben oder getötet worden waren.

Noch einmal schaute sie angestrengt hin – schwankten diese Hyazinthen im Wind oder bewegte sich da ein kleines Tier? Leise schob sie einen Zweig beiseite, der ihre Sicht behinderte. Ja! Es war tatsächlich der kleine Dachs.

Lucy verharrte absolut regungslos, während sie zusah, wie er die Böschung hinunter bis fast zum Weg ging. Immer wieder hob sich seine schwarze Schnauze schnüffelnd in die Luft. Doch glücklicherweise wehte der Wind Lucys Geruch von ihm weg und so entdeckte er nichts, was ihm Angst machte. Er schnüffelte um die Erdnüsse herum, schien sie aber wegzuschieben – zumindest sah ihn Lucy nicht kauen.

Als er immer näher und näher kam, wagte Lucy kaum mehr zu atmen. Die Frau von der Dachsstation hatte ihr gesagt, sie solle versuchen, ihm den Rückweg zum Bau abzuschneiden.

Er kam immer näher und näher. Lucy wartete ... und dann stürzte sie plötzlich aus dem Busch und ließ den dicken Pulli auf ihn fallen.

»Hab ich dich, Snouty!«, rief sie. So hatte sie ihn getauft. Schnäuzchen.

Sie nahm ihn mitsamt dem Pulli hoch, denn die Frau hatte ihr gesagt, auch ein junger Dachs könne unter Umständen fest zubeißen. Als sie

ihn in den Käfig setzte, stieß der kleine Kerl ein leises Miauen aus, das wie das eines kleinen Kätzchens klang.

»Es ist ja nicht für lange«, beruhigte ihn Lucy, hocherfreut, weil ihr Plan so mühelos geklappt hatte. »Die nette Frau von der Dachsstation kommt dich holen, um dich ordentlich zu versorgen.«

Es dauerte nicht lange, bis ein grün-weißer Lieferwagen auf den Hof der Hollybrook Farm gefahren kam.

Lucy rannte hinaus, um die Frau, die am Steuer saß, zu begrüßen und sich vorzustellen. »Ich habe Snouty in den Heuschober gesperrt«, sagte sie und deutete hinüber. »Dort ist er in Sicherheit vor den Hunden. Sie fangen an sich mächtig für ihn zu interessieren.«

Die Frau tätschelte ihr die Schulter. »Finde ich fantastisch, dass du es geschafft hast, ihn einzufangen«, sagte sie. »Wir werden uns gut um ihn kümmern.«

»Haben Sie gehört, was mit dem großen, alten Dachsbau im Wald passiert ist? Ich weiß nicht, was genau die Farmer unternommen haben, jedenfalls sind die Tiere alle weg.«

Die Frau schüttelte betrübt den Kopf. »Ja, ich habe es gehört und auch mir tut es in der Seele weh«, sagte sie. »Aber einen Trost gibt es: Dachse ziehen öfters vorübergehend in einen anderen Bau und kehren erst wieder zurück, wenn sie denken, dass keine Gefahr mehr droht. Vielleicht können wir diesen kleinen Kerl in ein paar Monaten wieder in seinen heimatlichen Bau bringen.«

Lucy stieß die Tür zum Heuschober auf und deutete mit dem Kopf auf den Transportkäfig. »Da ist Snouty!«

Beide lugten durch die Öffnungen des stabilen Käfigs hinein. Snouty wirkte fast elegant, wie er flach ausgestreckt und halbwegs unter Stroh verborgen an eine Seite gepresst dalag. »Ein prächtiger kleiner Bursche«, meinte die Frau. »Das hast du wirklich gut gemacht!«

»Wenn ich ihn doch nur behalten könnte!«, seufzte Lucy.

Die Frau lachte. »Dachse geben leider keine

sehr guten Haustiere ab. Sie sind viel wilder, als man meinen könnte, wenn man sie so sieht.« Sie ging mit dem Käfig zum Lieferwagen, wo sie das kleine Tier geschickt in einen Metallkäfig setzte.

»Hast du Lust, noch etwas für ihn zu tun?«, fragte sie Lucy.

Lucy nickte eifrig.

»Ich habe eine Flasche mit der richtigen Milchmischung mitgebracht. Magst du sie ihm geben?«

»Ja, bitte!«, sagte Lucy. Sie nahm der Frau die Flasche ab, beugte sich zu dem Käfig hinunter, schob die Flasche durch die Gitterstäbe und ließ den kleinen Dachs trinken.

»Genau wie ich es mir gedacht habe«, sagte die Frau. »Er war am Verhungern.«

Snouty brauchte nur ein paar Minuten, bis er die ganze Flasche leer getrunken hatte. Dann rollte er sich wie eine Katze zu einem Ball und schlief ein.

»Er ist wirklich süß, finden Sie nicht?«, seufzte Lucy.

»Ja, das ist er – und du hast ihn gerettet«, antwortete die Frau. »Wenn du ihn nicht gefunden hättest, wäre er gestorben.«

»Das ist der Ausgleich. Denn ihm allein ist es zu verdanken, dass ein Rennpferd gerettet wurde.«

Die Frau lachte, während sie in den Lieferwagen kletterte. »Weißt du, einen Augenblick lang dachte ich, du hättest gesagt, er hätte ein Rennpferd gerettet.«

»Habe ich auch gesagt!«, rief Lucy. Doch immer noch lachend war die Frau schon losgefahren.

Lucy ging in den Heuschober zurück. Jetzt, wo der kleine Snouty fort war, musste sie sich wieder mit Rosie und Donald und den übrigen

Farmtieren begnügen. Zumindest so lange, bis das nächste Tierabenteuer sie zu neuen Taten herausforderte!

Mary Hooper

Gut gemacht, Rosie

Lucy Tremayne liebt Tiere – und sie liebt das aufregende Leben auf der Hollybrook Farm. Die Tiere in Lucys Nähe scheinen zu spüren, dass sie ihr vertrauen können. So erlebt Lucy ein Abenteuer nach dem anderen ...

Mitten in der Nacht kommt ein kleines Lamm zur Welt. Als das Mutterschaf bei der Geburt stirbt, ist das Lamm noch sehr schwach. Lucy gibt ihm den Namen Rosie und zieht es liebevoll mit der Flasche auf. Es dauert nicht lange und Rosie folgt ihr überallhin. Selbst in die Schule! Aber als Einbrecher die Farm ausräumen wollen und Lucy in die Vorratskammer sperren, wird sie von Rosie gerettet.

100 Seiten

UEBERREUTER

Mary Hooper

Bleib bei uns, Donald

Lucy Tremayne liebt Tiere – und sie liebt das aufregende Leben auf der Hollybrook Farm. Die Tiere in Lucys Nähe scheinen zu spüren, dass sie ihr vertrauen können. So erlebt Lucy ein Abenteuer nach dem anderen …

Lucy entdeckt am Strand einen Esel, der von seinem Besitzer sehr vernachlässigt wird. Er bekommt viel zu wenig Futter und Wasser und schließlich soll er an den Schlachthof verkauft werden. Doch Lucy kann ihn retten. Ihre Eltern sind nicht sehr erfreut über noch ein Tier auf dem Hof. Nun muss Donald beweisen, dass er für die Farm nützlich ist und sich sein Futter verdienen kann.

100 Seiten

UEBERREUTER

Mary Hooper

Hab keine Angst, Daisy

Lucy Tremayne liebt Tiere – und sie liebt das aufregende Leben auf der Hollybrook Farm. Die Tiere in Lucys Nähe scheinen zu spüren, dass sie ihr vertrauen können. So erlebt Lucy ein Abenteuer nach dem anderen …

In einer stürmischen Nacht müssen Lucys Eltern mit ihrer kleinen Schwester ins Krankenhaus. Lucy ist auf sich allein gestellt und hat viel zu tun: Zuerst rettet sie ein brütendes Huhn mitsamt seinen Eiern aus dem Regen und baut einen behelfsmäßigen Brutkasten. Dann gibt es Schwierigkeiten bei der Geburt von Daisy, einem jungen Kalb. Wieder zeigt Lucy, wie gut sie mit Tieren umgehen kann.

100 Seiten

UEBERREUTER